1 | Steintor

In das Zentrum der mecklenburgischen Hanse-und Universitätsstadt kommt man am besten über die Richard-Wagner-Straße zur Wallstraße. Nur einige Gehminuten braucht man vom Bahnhof, und auch Parkhäuser sind in Fülle vorhanden. Das südlichste Tor der Rostocker Stadtbefestigung, das Steintor, wurde bereits im 13. Jahrhundert erbaut. Als die Landstände 1565 dem Rostocker Rat einen Bürgerrat aus Kaufleuten und Handwerkern gleichberechtigt gegenüberstellten und diese dem Mecklenburger Herzog den Huldigungseid verweigerten, zog Herzog Johann Albrecht I. mit 500 Mann in die Stadt ein. Zur Verdeutlichung seiner Macht ließ er das Steintor sowie die Stadtmauer in östlicher Richtung bis hin zum Kuhtor schleifen. Erst nachdem Rostock ihm 1573 mit dem Ersten Rostocker Erbvertrag die Erbherrschaft über die Stadt für Jahrhunderte zugesichert hatte, durfte die Stadt mit dem Wiederaufbau beginnen. 1577 war der kompakte Backsteinbau des Tores mit steilem Pyramidendach und geschweiftem Aufsatz mit achteckiger Spitze vollendet. Bei den verheerenden Bombenangriffen 1942 wurde das Steintor bis auf die Grundmauern zerstört; fünf Jahre später begann man, es wieder neu erstehen zu lassen.

Die Rostocker **Stadtbefestigung** bestand aus einer etwa 3,3 Kilometer langen Stadtmauer mit Türmen, Wiekhäusern zum Lagern des Kriegsgerätes und insgesamt 22 Toren. Sieben der 13 Strandtore waren mit den Anlegebrücken der Schiffe verbunden. Die Befestigung Rostocks bildete ein Konglomerat verschiedener Bauwerke und galt stets als überaltert. Großes Interesse verdienen die verbliebenen Reste aus den verschiedenen Bauperioden dennoch, weil man an ihnen die wechselvolle Geschichte der Stadtverteidigung im Laufe der Zeit nachvollziehen kann.

Steintor, Stadtseite

Die sogenannte Feldseite ist schmucklos gestaltet. Einzige Zierde zwischen den Schießscharten und den hakenförmigen Steinen für das Fallgatter ist das Landes- bzw. Stadtwappen. Man zeigte sich nach außen hin wehrhaft, nicht pompös. Ungleich prächtiger ist hingegen die Stadtseite gestaltet. Die Durchfahrt ist aufwendig bekrönt, und über der Traufe befinden sich drei Ziergiebel. Zwei Löwen umrahmen drei Wappen, die von links gesehen den Greifen für das Mecklenburger Fürstengeschlecht, den Stierkopf des Rostocker Stadtsiegels und das dreifarbige Schild mit dem Greifen – das hanseatische Stadtwappen – zeigen. Die lateinische Inschrift über dem Tor lautet übersetzt: »In Deinen Mauern herrsche Eintracht und öffentliches Wohlergehen«.

2 | Historisches Societäts-Gebäude

Societät Rostock maritim e. V. Mo–Sa 10–17 Uhr

Das imposante Gebäude an der Kreuzung von August-Bebel- und Richard-Wagner-Straße ist für Rostocks Kulturgeschichte von großer Bedeutung. 1856/57 von der 1794 gegründeten »Societät« erbaut, einem Verein wohlhabender Bürger, war es Mittelpunkt des gesellschaftlichen Lebens der Stadt. Letztere erwarb 1901 den zweiflügeligen Putzbau mit dem charakteristischen Eckturm und richtete in seinen Mauern ein Museum für ihre Kunstsammlungen ein. 1936 hieß es Städtisches Museum, zehn Jahre später Museum der Stadt Rostock und ab 1968 Schifffahrtsmuseum. Als solches könnte man es auch heute noch betrachten, aber seit 1990 haben sich Nutzer und Ausstellung geändert. Der Verein, der sich in Anlehnung an die erste wieder »Societät« benannte, zeigt in den Räumen zahlreiche maritime Exponate. Anhand von Modellen – darunter berühmte wie die der Santa Maria, der Mayflower oder der Titanic, um nur die populärsten zu nennen –, originalen Kapitänsbildern, Fotos, Galionsfiguren und historischem Schiffszubehör kann man die Entwicklung der Schifffahrt von ihren Anfängen bis zur modernen Motorschifffahrt nachvollziehen.

3 | Ständehaus

In der warmen Jahreszeit von Bäumen nahezu verdeckt, prunkt an der Kreuzung zur Wallstraße das ehemalige Ständehaus. Nach Plänen des Hofbaurates Gotthilf Ludwig Möckel 1889–1893 im Stil des Historismus errichtet, diente es als Sitz der Oberbehörden der drei ritterschaftlichen Kreise des mecklenburgischen Staates, wozu Mecklenburg, die Herrschaft Werle und Stargard gehörten. Hiervon zeugen die drei prächtigen Wappenschilder. Nach der Auflösung der Monarchie 1918 wurde das Gebäude von wechselnden Landesbehörden genutzt, heute hat hier das Oberlandesgericht seinen Sitz. Sehenswert im Inneren sind die Treppenanlage und der getäfelte, über zwei Stockwerke reichende Sitzungssaal (nicht öffentlich zugänglich). »Respekt för dat Hus«, wie Kaspar Ohm von John Brinckman zu sagen pflegte.

4 | Michaeliskloster

In westlicher Richtung führt der Stadtrundgang nun durch den Rosengarten. Dieser Teil der ehemaligen Befestigungsanlagen soll bereits im 14. Jahrhundert bestan-

John Brinckman
1814–1870, niederdeutscher Schriftsteller. Brinckman war gebürtiger Rostocker, wurde in der Marienkirche getauft und studierte Jura in seiner Vaterstadt. Nach einem Aufenthalt in den USA und einigen Jahren als Hauslehrer auf mecklenburgischen Gütern wurde er Lehrer in Güstrow. Als Anhänger der Revolution von 1848 verfasste er satirische Gedichte gegen den Gutsbesitzeradel. Ab 1854 veröffentlichte er plattdeutsche Erzählungen und Gedichte. Seine bekanntesten Werke sind die Erzählungen »Voß un Swinägel« und die Erinnerungen an seine Kindheit »Kaspar Ohm un ick«.

Michaeliskloster

Johann Snell
Vor 1476 – nach 1519, Buchdrucker der Inkunabelzeit. Über das Leben von »Meister Johann« ist wenig bekannt. An der Rostocker Universität schrieb er sich 1481 als aus Einbeck stammend ein, war aber offensichtlich bereits seit fünf Jahren als Buchdrucker am Michaeliskloster tätig. 1480 ließ er sich mit einer eigenen Offizin in Lübeck nieder, wo er auch starb. 1482 und 1483 richtete er die ersten Buchdruckereien in Dänemark und Schweden ein. Seine Drucke, kleine lateinische Schriften, waren noch vom Erscheinungsbild mittelalterlicher Handschriften geprägt.

den haben, wurde er doch auf dem Rostocker Ritterfest 1311 von dem berühmten Minnesänger Heinrich von Meißen, genannt Frauenlob, besungen. Anfang des 19. Jahrhunderts neu gestaltet, ist er heute eine Oase der Ruhe mit Rosenbeeten und Springbrunnen.

In die Rungestraße rechts einbiegend, erblickt man schon die hohe schlanke Form des Ostgiebels der ehemaligen Michaeliskirche. Seit 1462 waren die »Brüder vom gemeinsamen Leben«, eine aus Klerikern und Laien bestehende niederländische Bruderschaft, in Rostock ansässig. Ihr Verdienst war es, 1476 die erste Buchdruckerei in Rostock und damit die zweitälteste in Norddeutschland betrieben zu haben. Bei ihnen erlernte der Buchdrucker Johann Snell sein Handwerk. 1531 stellte die Druckerei ihre Arbeit ein.

Der langgestreckte Backsteinbau in der Erscheinung einer einschiffigen Bettelordenskirche mit langem Chor wurde 1480–1488 errichtet. Auch die Michaeliskirche wurde 1942 ein Opfer der Bomben. Bis auf die Grundmauern zerstört und nach und nach wieder aufgebaut, beherbergt der Ostteil die evangelisch-methodistische Gemeinde. Den Westteil hingegen nutzt seit 1999 die Universitätsbibliothek für ihre Sondersammlungen und den Fachbereich Geschichte.

5 | Barocksaal

Tourist-Information Mai–Okt.: Mo–Fr 10–18 Uhr,
Sa/So 10–15 Uhr; Nov.–Apr.: Mo–Fr 10–17 Uhr,
Sa 10–15 Uhr; Tel. 0381 3 81 22 22, www.rostock.de

Der Schwaanschen Straße rechts folgend, kommt
man nach wenigen Metern zum Universitätsplatz, wo
sich der Barocksaal, einer der schönsten Säle in ganz
Mecklenburg-Vorpommern, befindet. Erbaut 1750 als
Komödienhaus, ist der Saal heute vor allem Veranstaltungsort für Konzerte, Theateraufführungen und eine
Vielzahl anderer Anlässe. Der französische Architekt
Jean Laurent Legeay (1710–1786) fertigte als Schweriner
Hofbaumeister den Entwurf für den Mecklenburgischen Herzog **Christian Ludwig II.** an.

   Das Gebäude wurde bis Ende 2011 aufwendig saniert. Heute befindet sich im Erdgeschoss die Tourist-
Information der Stadt Rostock. Der Barocksaal darüber
erstrahlt in seiner ursprünglichen Pracht. Kronleuchter
aus böhmischem Glas werfen ein funkelndes Licht auf
die Wand- und Deckendekorationen sowie die Medaillons mit Mitgliedern des Herzoghauses Mecklenburg-
Schwerin.

Christian Ludwig II.
1683–1756, Herzog zu
Mecklenburg-Schwerin.
Nachdem gegen seinen
Bruder Karl Leopold
wegen seiner Konflikte
mit den ritterschaftlichen
Ständen die Reichsexekution verhängt worden
war, regierte Christian
Ludwig II. seit 1728. Er
beschloss die Auflösung
des mecklenburgischen
Gesamtstaates. Dies
scheiterte jedoch am Widerstand der Ritterschaft
und führte 1755 zum
»Landesgrundgesetzlichen Erbvergleich«, der
der mecklenburgischen
Ritterschaft bis zur Auflösung der Monarchie 1918
weitgehende Rechtspositionen zusicherte.

Tourist-Information mit
Barocksaal

Barocksaal

6 | Herzogliches Palais

Karl Leopold
1678–1747, Herzog zu
Mecklenburg-Schwerin.
Als zweitgeborener Sohn
kämpfte er zunächst an
der Seite des schwedi-
schen Königs Karl XII.,
den er in Sprechweise,
Kleidung und Gestik
nachzuahmen suchte.
Nach dem Tod seines
älteren Bruders Friedrich
Wilhelm I. regierte er seit
1713. Sein Ziel war es, den
Widerstand der mit Ros-
tock verbündeten meck-
lenburgischen Ritterschaft
zu brechen. Dabei beging
er Rechtsbrüche verschie-
dener Art, die nach Klagen
der ritterschaftlichen
Stände beim Kaiser zur
Reichsexekution und
1728 zu seiner Absetzung
führten.

Das ehemalige Herzogliche Palais, rechts an den Barocksaal angrenzend, ist wohl dem ewigen Widerstand
der Bürger Rostocks gegen die regierenden Herzöge von
Mecklenburg-Schwerin zu danken. Herzog Karl Leopold
suchte seine Macht mit großer Härte durchzusetzen. Er
erzwang, dass Rostock auf seine Privilegien verzichtete, und nötigte den Ständen immer höhere Steuern für
den Aufbau eines stehenden Heeres auf, das er dringend
benötigte, um die im Nordischen Krieg gegeneinander
kämpfenden fremden Heere von mecklenburgischem
Boden zu vertreiben. Wahrscheinlich auch um die Rostocker besser unter Kontrolle zu haben, ließ er 1714 von
Baudirektor Leonard Christoph Sturm mitten im Zentrum der Stadt ein Palais errichten, das auch sein Nach-
folger Christian Ludwig II. bis zu seinem Tod 1756 als
Stadtresidenz nutzte. Später beherbergte es verschiedene Witwen der Herzöge und Großherzöge. Aus drei älteren Gebäuden wurde der dreigeschossige Putzbau mit
einem Walmdach errichtet. Vor dem Mittelportal tragen
toskanische Säulen einen Altan mit geschmiedetem
Brüstungsgitter. Heute nutzt die Universität Rostock das
im Laufe der Jahre vielfach veränderte Gebäude.

7 | Neue Wache

Obwohl die mecklenburgischen Herzöge Rostock im 18. Jahrhundert nicht mehr als Residenz nutzten, statteten sie der Stadt noch oft Besuche ab. Friedrich Franz I., dem 1815 die Großherzogswürde verliehen wurde, ließ neben dem nun Großherzoglichen Palais eine Wache errichten. Der Baumeister Karl Theodor Severin entwarf den zweigeschossigen Putzbau mit den monumentalen dorischen Säulen im klassizistischen Stil. 1825 war er fertiggestellt. Die Neue Wache wird heute ebenfalls von der Universität genutzt. Der sich rechts anschließende Bau, ein spätklassizistisches Torhaus von 1911, diente als Zugang zu den im Hof liegenden Universitätsgebäuden.

8 | Zoologisches Institut

Ausstellung Mo–Fr 10–16 Uhr

Das Gebäude des Zoologischen Instituts der Universität im ehemaligen Appellationsgericht entstand 1841/42 nach Plänen des genialen Schweriner Architekten und Hofbaumeisters Georg Adolf Demmler. Den spätklassi-

**Gebhard Leberecht
von Blücher**

1742–1819, preußischer
Generalfeldmarschall. In
Rostock geboren, lebte
Blücher bis 1757 auf der
damals schwedischen In-
sel Rügen und schloss sich
beim Eintritt Schwedens
in den Siebenjährigen
Krieg dessen Truppen an.
1760 trat er in preußische
Dienste und machte
eine steile Karriere. In
der Schlacht bei Jena
und Auerstedt führte er
1806 als Generalleutnant
die Kavallerie. In den
Befreiungskriegen gegen
Napoleon 1813 wurde er
zum Oberbefehlshaber
der Schlesischen Armee,
die in Möckern bei Leipzig
die französischen Truppen
vollständig schlug. In der
Schlacht bei Waterloo
konnte er die Truppen
Wellingtons siegreich
unterstützen.

zistischen Bau dominiert die mit fünf Bögen geöffnete
Eingangslaube. Darüber befindet sich eine Loggia mit
vier korinthischen Säulen und einem abschließenden
flachen Dreiecksgiebel. Nachdem 1879 die Appellati-
onsgerichte, spezielle Formen der Rechtsmittelinstanz,
durch die Verabschiedung der Reichsjustizgesetze ab-
geschafft worden waren, zog 1880 das Institut für Zoolo-
gie der Universität in das freigewordene Gebäude. Nach
umfangreicher Sanierung konnte es im Jahre 2000 in
seiner heutigen Gestalt übergeben werden. Die Sammlung des Zoologischen Instituts wurde bereits 1775 gegründet und ist damit eine der ältesten der Universität.
Schwerpunkte sind Tierpräparate aus drei Jahrhunder-
ten, insbesondere Vögel und Säugetiere. Eine Attraktion
ist der berühmte Pfeilstorch von 1822. Er gilt unter Zoo-
logen als erster Beweis für den lange angezweifelten
Fernzug der Vögel.

9 | Blücher-Denkmal

1819, nur wenige Wochen vor **Blüchers** Tod, enthüllte die
Stadt Rostock feierlich das heute mit Grünspan über-
zogene Denkmal des Bildhauers Gottfried Schadow
(1764–1850). Dass die Stadt ihren großen Sohn Blücher
ehrte, war gar nicht geplant gewesen. Ein Spaßvogel
annoncierte 1814 in einer Hamburger Zeitung, dass Rostock eine solche Ehrung plane, worauf der so Gefeierte
sich artig bedankte. Die Stadtväter hatten aber nichts
dergleichen im Sinn gehabt. Die vorhersehbare Schan-
de, in ganz Deutschland wegen ihres Geizes in Verruf
zu geraten und dem »Marschall Vorwärts« nicht die
gebührende Anerkennung zuteilwerden zu lassen, ließ
sie handeln. Eilig wurde eine Spendensammlung ins
Leben gerufen, selbst Goethe beteiligte sich an der Kon-
zeption, und Schadow schuf nach einer Büste Christian
Rauchs das Denkmal. Blücher, seit 1816 zudem Ehrenbürger Rostocks, konnte wegen schwerer Erkrankung,
die schließlich zum Tode führte, nicht an der feierlichen
Enthüllung teilnehmen.

Eigentlich der ehemalige Markt der Rostocker Neustadt, hieß der Platz bis 1950 Hopfenmarkt, dann elf Jahre lang Stalinplatz, heute ganz neutral Universitätsplatz.

10 | Universitätshauptgebäude

Gruppenführungen über Tourist-Information

»Doctrina multiplex veritas una« (Es gibt viele Lehren, doch nur eine Wahrheit) – dieser Wahlspruch der Rostocker Universität prangt über dem Hauptportal des aus zwei Bauten bestehenden Hauptgebäudes: Links sieht man das 1844 als »Neues Museum« vom Schweriner Hofbaumeister Georg Adolf Demmler errichtete klassizistische Gebäude, in dem sich die Sammlungen der Universität sowie Laboratorien und Hörsäle befanden. Der rechte Bau im Stil der Neorenaissance entstand 1867–1870 nach Plänen von Hermann Willebrand anstelle des 1567 errichteten »Weißen Kollegs« – so genannt wegen seines Farbanstriches. Nach der letzten umfassenden Sanierung 2009–2013 beherbergt das Hauptgebäude heute neben zahlreichen Seminarräumen und zwei Hörsälen das Rektorat, den Kanzler, Teile der Verwaltung, die Theologische Fakultät sowie das Universitätsarchiv. Im Rahmen von etwa einstündigen Führungen kann man die Repräsentationsräume (Aula, Konzilzimmer) besichtigen und viel Wissenswertes rund um die Universität erfahren.

Die **Universität Rostock** ist die älteste in Norddeutschland und im gesamten Ostseeraum. 1419 von den Herzögen Johann IV. und Albrecht V. von Mecklenburg gegründet, wurde sie von Papst Martin V. bestätigt. Die feierliche Eröffnung fand in der Marienkirche statt. Mit 500 Studenten war sie im 15. Jahrhundert die größte in Deutschland. 1437 musste sie nach einem Aufruhr die Stadt verlassen. Im Greifswalder »Exil« gründeten einige Professoren die Universität Greifswald. 1827 ging die Rostocker Universität an das Großherzogtum Mecklenburg-Schwerin über.

11 | Kulturhistorisches Museum Rostock

Di–So 10–18 Uhr, Eintritt frei

Seit 1980 befindet sich in der Klausur des ehemaligen Klosters zum Heiligen Kreuz das Kulturhistorische Museum Rostock. Das Museum wurde 1859 gegründet und zählt damit zu den ältesten in Norddeutschland. Seine reichen Bestände umfassen Malerei und Grafik, Kunsthandwerk, Münzen, Möbel, historisches Spielzeug, Militaria und archäologische Funde. Hervorgegangen sind die Sammlungen aus den Erwerbungen des 1841 gegründeten Rostocker Kunstvereins und aus der Sammlung des Vereins für Rostocks Altertümer. Aus deren beider unabhängig voneinander bestehenden Museen wurde mit Hilfe der Stadt 1903 im historischen »Societäts«-Gebäude (siehe Nr. 2) das Kunst- und Altertumsmuseum eröffnet. Nach kriegsbedingten Auslagerungen und damit verbundenen empfindlichen Verlusten und anderweitigen Plänen für das Museumsgebäude in der August-Bebel-Straße konnte erst mit der schrittweisen Rekonstruktion des Klosters zum Heiligen Kreuz 1977 ein

Museumskomplex geschaffen werden, der den Anforderungen eines solch weiten Spektrums an Beständen und Themen gerecht wird.

Im ehemaligen Kreuzgang erwarten den Besucher Zeugnisse aus der Geschichte der Rostocker Klöster. Das Refektorium, also der Speisesaal des Klosters, aus der Zeit um 1480 gehört zu den schönsten gotischen Räumen an der Ostseeküste und präsentiert sakrale Kunstwerke. Besonders sehenswert ist die Kunstsammlung des Museums. Außerordentlich ist die Sammlung von Arbeiten ehemals verfemter Künstler aus dem Nachlass von Bernhard A. Böhmer (1892–1945), darunter Barlach, Klee, Kandinsky, Schlemmer, Heckel oder Feininger – ein Querschnitt der Moderne, wie ihn wohl kaum ein zweites städtisches Museum vorweisen kann. Böhmer war einer der vier autorisierten Händler, die im Auftrag der Nationalsozialisten jene Werke ankauften, die als »entartet« galten und 1937 in der großen Wanderausstellung »Entartete Kunst« in Deutschland gezeigt wurden. Ein Teil des Nachlasses, über Umwege nach Rostock gelangt, ging bereits in den 1950er Jahren an die Museen zurück, aus denen er einst entfernt worden war. Zurück blieben 613 Werke, die 2009 als Eigentum an die Hansestadt gingen.

»Die Trinkende« ist eine Jugendstil-Skulptur des Bildhauers Victor Seifert aus dem Jahr 1922, deren Nachgüsse für Innen- und Außenanlagen weltweit Verbreitung fanden. Auf historischen Aufnahmen findet man noch die grazile Brunnenfigur in den Wallanlagen des Rosengartens, die im Laufe der Jahre mehrfach entwendet wurde.

12 | Universitätskirche

Die Kirche des **Klosters zum Heiligen Kreuz** wurde um 1270 erbaut. Sie hat bis heute die verschiedensten Nutzungen erlebt: als kirchlicher Sakralraum, Museum, Bibliothek und sogar als Raum zum Wäschetrocknen. Wie man der Stiftungstafel an der Nordtür entnehmen kann, dient sie seit 1899 als Universitätskirche und gehört dem Land Mecklenburg-Vorpommern. Man betritt die Kirche entweder vom Kreuzgang des Klosters oder vom »Nonnenhof« her. Wie in allen Zisterzienserklöstern verzichtete man auch hier in christlicher Demut auf die Errichtung eines hohen Kirchturms. Die dreischiffige Stufenhalle des Baues mündet in einen Chor mit polygonalem Abschluss. Den Hochchor dominiert der zweifach klappbare Flügelaltar, der um 1460 entstand. Die Kreuzigungsszene in der Mitte der goldfarbenen geschnitzten Festtagsseite wird gerahmt von großen Apostelfiguren, den Kirchenvätern und weiblichen Heiligen. Die unteren Flügel stellen die Geschichte der törichten Jungfrauen dar. Zugeklappt zeigt die Alltagsseite Marien- und Passionsmotive. Nördlich des Hochaltars hat ein um 1380 aus Holz gefertigtes Tabernakel in Form eines schlanken Türmchens Platz gefunden. Über dem Eingang zum Altarraum befindet sich auf einem originalen Holzbalken aus dem 15. Jahrhundert eine gotische Triumphkreuzgruppe mit Christus, seiner Mutter Maria und dem Jünger Johannes. Auf der Brust des Gekreuzigten erkennt man bei genauem Hinschauen einen Bergkristall, der zwei der ursprünglich drei im Besitz des Klosters befindlichen Splitter vom Heiligen Kreuz enthält. Frisch restauriert ist der Nonnen- oder Kreuzaltar, der sich seit etwa 1520 auf der Nonnenempore im Westen der Kirche befand. Der vierflügelige Wandelaltar ist beinahe vollständig plastisch ausgebildet. 1616 wurde die Kanzel errichtet, an deren Schalldeckel sich ein Spruch aus dem Buch Jesaja befindet – im schönsten Plattdeutsch des Rostocker Reformators Joachim Slüter. Ursprünglich stand sie am hölzernen Lettner, der Chor und Kirchenraum trennte. Bei der großen Restaurierung der Kirche 1898 durch Gotthilf Ludwig Möckel wurde der Lettner jedoch abgerissen und die Kanzel an ihren heutigen Standort versetzt. Zahlreiche Grabplatten aus Kalkstein aus dem 14. bis 16. Jahrhundert sind in den Wand-

Das **Kloster zum Heiligen Kreuz** wurde um 1300 von Zisterzienserinnen gegründet. Der Legende nach wurde es von der dänischen Königin Margarete als Dank für die Errettung aus Seenot in der Warnow gestiftet. Sie soll zudem die Reliquie, drei Splitter vom Kreuz Jesu, der Klosterkirche übereignet haben. Noch heute hängt ihr Porträt über dem Südportal. Im 14./15. Jahrhundert kam das Kloster durch die Unterstützung der Landesfürsten und der Rostocker Bürgerschaft zu Wohlstand. 1584 wurde es in ein Damenstift umgewandelt. 1920 ging es mit der Verfassung des Freistaates Mecklenburg-Schwerin entschädigungslos in Staatseigentum über. Die Stiftsdamen besaßen Wohnrecht auf Lebenszeit; die letzte verstarb 1981.

Walter Kempowski
1929–2007, Schriftsteller,
Ehrenbürger der Stadt.
Kempowski war der Sohn
eines Rostocker Schiffs-
maklers und besuchte
hier die Schule. 1948
wurde er von sowjetischen
Militärbehörden wegen
Spionage verhaftet und
zu 25 Jahren Arbeitslager
verurteilt. Nach seiner
Entlassung 1956 studierte
er in Göttingen Pädagogik,
wurde Dorfschullehrer
und veröffentlichte 1969
seinen Haftbericht »Im
Block«. Sein Werk, darun-
ter neun Romanbände der
»Deutschen Chronik«, die
Befragungsbücher und
»Echolot« (ein kollektives
Tagebuch der Jahre 1943
und 1945), gehört zu den
bedeutendsten Leistungen
der deutschen Literatur
des 20. Jahrhunderts.

nischen aufgestellt. Die dreimanualige Orgel mit Pedal und 33 Registern wurde 1965 von der Potsdamer Orgelbaufirma Schuke gebaut und erklingt seitdem regelmäßig bei Konzerten, Gottesdiensten und Veranstaltungen der Universität. Im Jahre 2005 konnte die kleine Bronzeglocke aus dem Jahr 1413 von Rickert de Monkehagen wieder eingeläutet werden.

13 | Kempowski-Archiv Rostock

Di–So 14–17 Uhr,
Führungen kempowski-archiv-rostock@t-online.de

Zum Ensemble der Klosterbauten gehören auch die kleinen Wohnhäuser der im 18. Jahrhundert dort lebenden Stiftsdamen. »Professorenhäuser« werden sie nur im Volksmund genannt, wahrscheinlich wegen der in den Freistunden zu Besuch kommenden Professoren der benachbarten Universität. Der Pflege und Veröffentlichung von Teilen des Werkarchivs von Walter Kempowski, das der Schriftsteller bereits 1993 nach Rostock brachte und das sich seit 2002 im Klosterhof Haus 3 befindet, widmet sich der 1998 gegründete gleichnamige Verein. Literaturfreunde finden hier Modelle, Skizzen, die rekonstruierte Bibliothek von Kempowskis Eltern, Erinnerungsgegenstände, originale Möbel und andere historische Dokumente. Anhand dieser einmaligen Sammlung kann nicht nur der Schreibprozess Kempowskis an der »Deutschen Chronik« nachvollzogen werden, sie ist zudem eine einzigartige Dokumentation bürgerlichen Lebens in Rostock.

14 | Kröpeliner Tor

März—Okt. 10—18 Uhr; Nov.—Feb. 10—17 Uhr

Kempowski-Archiv

Überquert man den Klosterhof in westlicher Richtung, gelangt man zu einem kleinen Durchgang in der Stadtmauer. Nach wenigen Minuten erreicht man das Kröpeliner Tor, das stattlichste der Stadt. Um 1255 wurde in der Nähe des heutigen Tores eines aus Holz erwähnt, das aber vermutlich bei einem Stadtbrand wenige Jahre später abbrannte. 1300, als ein Großteil der Wallanlagen die Stadt umgab, stand das neue steinerne Kröpeliner Tor, das seinen Namen vielleicht der über Kröpelin führenden wichtigen Handelsstraße oder einer Familie Kröpelin verdankt. Um 1400 wurde es bis auf seine heutige Höhe von 54 Metern ausgebaut, wozu in etwa sieben Metern Höhe ein äußerer hölzerner Wehrgang kam, der eine bessere Torverteidigung ermöglichte. Bei den schweren **Bombardements 1942** nahm es kaum Schaden, im Gegensatz zur Stadtmauer ringsherum, die daraufhin abgetragen wurde, sodass das Tor, durch das noch bis 1960 die Straßenbahn fuhr, heute allein steht. In seinem Inneren hat seit 2005 die Geschichtswerkstatt Rostock e. V. ihren Sitz, die neben einer Dauerausstellung über die Rostocker Stadtbefestigung zahlreiche Sonderausstellungen und von hier ausgehend thematische Stadtführungen anbietet.

Nun kann man in Richtung Warnow spazieren. An der nordwestlichen Ecke der Stadtbefestigung befindet sich auf dem Kanonsberg die Fischerbastion, von der aus Eindringlingen, die von der Ostsee die Warnow hinunterkamen, mit den hier stationierten Geschützen die Einfahrt in den Stadthafen verwehrt werden konnte. 2012 aufwendig saniert und heute angenehm begrünt, bietet die

Die Bombardierung Rostocks

Nach Lübeck war Rostock die zweite deutsche Stadt, die 1942 von der britischen Royal Air Force bombardiert wurde. Bereits seit 1940 hatte es Angriffe auf die Heinkel-Flugzeugwerke, die Arado-Werke und die Neptun-Werft gegeben, die Rostock zu einem der wichtigsten Zentren der deutschen Rüstungsindustrie machten. In den Nächten vom 23. bis 27. April 1942 erlebte Rostock schwerste Flächenbombardements. Mehr als 100 000 Bomben zerstörten etwa 60 Prozent der Rostocker Innenstadt, wobei über 200 Menschen starben und Tausende verletzt wurden.

Brunnen in Rostock

Kunst am Bau war nie nur schmückendes Element, sondern hatte auch immer politische Inhalte bzw. idealisierte Gesellschaftsbilder zu propagieren. In den 1960er Jahren gab es in der DDR einen Aufschwung der baubezogenen Kunst. Künstler wurden seitdem oft in die Bauplanung mit einbezogen, Skulpturen, Reliefs und Brunnen entstanden. In Rostock ist eine Vielzahl davon noch heute zu finden. Ein Beispiel dafür ist der mit dem Fünfgiebelhaus korrespondierende, begehbare »Brunnen der Lebensfreude« (1980) von Jo Jastram am Universitätsplatz.

Bastion einen wunderbaren Ausblick auf den Stadthafen und die Warnow.

15 | Kröpeliner Straße

Zurück am Kröpeliner Tor, führt die belebte Kröpeliner Straße in gerader West-Ost-Ausrichtung zum Neuen Markt. Bauten im barocken, klassizistischen und historischen Stil sind hier zu finden. Zweigt man links in die Apostelstraße ein, erreicht man eine liebevoll angelegte Grünanlage. Hier stand bis 1960 die prächtigste der vier Rostocker Stadtkirchen, die Jakobikirche. Sie überstand den Bombenhagel 1942 zwar beschädigt, aber dennoch erhaltenswert. 1960 wurde sie trotz Protesten der Bevölkerung abgetragen. Zurück auf der Kröpeliner Straße, kommt man noch einmal am Universitätsplatz vorbei, allerdings nun an seiner nördlichen Front, die von einem außergewöhnlichen architektonischen Ensemble aus dem Jahr 1986 beherrscht wird. Das Fünfgiebelhaus ist ein Plattenbau mit einer an Backstein erinnernden Fassade und gotisch nachempfundenen Giebeln. Mit solchen und ähnlichen individualisierten Plattenbauten versuchte man in den 1980er Jahren, vielen maroden DDR-Innenstädten neues Leben einzuhauchen. Etliche verspielte Details sind zu entdecken, darunter als touristischer Magnet das Carillon (ein spielbares großes Glockenspiel) am östlichen Giebel. Mit 32 Glocken und einem Gesamtgewicht von 500 Kilogramm von Peter Schilling geschaffen, wird es heute jeden Samstag 12 Uhr für 30 Minuten von Hand gespielt.

Nur wenige Schritte weiter steht unter der Nr. 82 eines der schönsten in Rostock erhaltenen Backsteinhäuser der Spätgotik. Das Kaufmannshaus der Familie Ratschow stammt aus dem 15. Jahrhundert. Einige Zeit lang diente es als Wohnhaus des Pfarrers vom Heiligengeisthospital. 1945 brannte es beinahe vollständig ab, wurde jedoch ab 1950 wieder aufgebaut. Der spätgotische Staffelgiebel mit Zinnen und fünf zweigeteilten Blenden ist wechselschichtig mit glasierten und unglasierten Ziegeln errichtet und mit Medaillons in den Zwickeln und Spitzen der Blenden, Zierfriese und Reliefs dekoriert. Heute befindet sich hier die Stadtbibliothek.

Oben: Stadtbibliothek im Haus Ratschow
Rechts: Kröpeliner Straße mit Kröpeliner Tor

16 | St. Marien

Tägl. geöffnet

Links über den Ziegenmarkt, vorbei an der Alten Münze mit dem aufwendig gestalteten Renaissanceportal und der Alten Kantorei, deren Ursprünge wohl bis ins 15. Jahrhundert zurückreichen, erreicht man ein weiteres Wahrzeichen Rostocks, die Marienkirche. Einst suchten die großen Handelsstädte entlang der Ostseeküste einander durch den Bau von immer größeren und prächtigeren Kirchen zu übertreffen. Mit bürgerlichem Selbstbewusstsein plante man in der Blütezeit der Hanse gewaltige Bauten, Riesen gleich, die jedem Fremden schon von weitem Macht und Reichtum der Stadt signalisierten. Steht man vor diesen backsteinernen Giganten, scheint es unvorstellbar, dass sie Schicht um Schicht, Ziegel um Ziegel errichtet wurden.

St. Marien, erstmalig 1232 in einer Urkunde erwähnt, war ursprünglich eine frühgotische Hallenkirche. Nachdem sich die drei Stadtteile Alt-, Mittel- und Neustadt zu einem Gebilde formiert hatten, wurde St. Marien 1265 zur Hauptpfarrkirche bestimmt. Also musste der alte Bau einem neuen, repräsentativeren Gotteshaus wei-

chen. Um 1290 begann man mit dem Umbau zur drei-schiffigen Basilika mit Chorumgang und Kapellenkranz. Gegen Ende des 14. Jahrhunderts entstand das Quer-schiff in der Mitte des Langhauses mit einem nördlichen fünfseitigen Chorabschluss und dem Prunkeingang im Süden. Um 1440 konnte man den Bau mit der Erhöhung des westlichen Turmmassivs um ein Stockwerk und sei-nem Abschluss mit einem gewaltigen Pyramidendach und spitzem Helmchen als abgeschlossen betrachten. Die heute zu sehende Turmspitze und der Dachreiter auf der Vierung wurden erst 1796 aufgesetzt. Die Reforma-tion überstanden von den ursprünglich 39 Altären nur zwei. Bis 1899 diente St. Marien, in der 1419 die Univer-sität gegründet wurde, als Universitäts- und als Ratskir-che. St. Marien ist die einzige Rostocker Kirche, die die verheerenden Bombenangriffe 1942 nahezu unversehrt überstanden hat. Schwere Schäden am Bau machten ab 1992 eine Generalsanierung notwendig, die u. a. vom Verein »Stiftung St.-Marien-Kirche zu Rostock e. V. « er-möglicht und die 2021 abgeschlossen wurde.

Südportal

Von weitem sieht St. Marien aus wie eine Burg, der 86 Meter hohe Turm ragt kaum über den Baukörper hi-naus. Von Westen her erblickt man das klar und schlicht gegliederte Turmmassiv. Auf dem Sockelgeschoss, ei-nem Überrest der frühgotischen Hallenkirche, ruhen drei weitere Geschosse, die von je einem Spitzbogenfries abgeschlossen sind. Im Mittelteil des dritten Geschosses ist ein zweiteiliger Fries mit tönernen Apostelfiguren zu erkennen, der wohl im 13. Jahrhundert entstanden ist. Um ein Vielfaches reicher gegliedert als der Turm ist der übrige Baukörper. Mächtige abgetreppte Strebepfeiler stützen die Mauern; Spitzbogenfenster und die schicht-weise Verlegung glasierter Ziegel am Querhaus be-stimmen das Bild. Die Südfassade wurde als Schauseite gestaltet. Die Spitzbogenblenden tragen eine Schauro-sette, Fialtürmchen rahmen die Giebeldreiecke. Das Por-tal ist, ebenso wie sein nördliches Pendant, abwechselnd mit grün-braun glasierten und lehmgelben unglasierten Ziegeln gemauert. Unter dem Tympanon mit barocken Schnitzfiguren aus dem 18. Jahrhundert, die die drei christlichen Tugenden darstellen, betritt man das Kir-cheninnere.

Die Rettung von St. Marien 1942

Britische Brandbomben hatten in den Nachtstun-den des 26. April 1942 bereits das Gebälk des Turmes entzündet. Der Turmdiener von St. Mari-en, Friedrich Bombowski, und seine Tochter Ursula löschten trotz Rauch und Lebensgefahr den ganzen nächsten Tag das Feuer in der Turmlaterne und im Dachgestühl des östlichen Hauptschiffes. Ununter-brochen stiegen sie mit gefüllten Wassereimern die Stufen hinauf und hinunter, bis endlich die Feuerwehr mit Gerät anrückte. Damit retteten sie die Kirche vor der Zerstörung und einem späteren Abriss, wie er ihrer Namensschwester in Wismar widerfuhr.

Im Eingangsbereich überblickt man das ganze Querhaus bis zu den drei hohen Spitzbogenfenstern des nördlichen Abschlusses. Geht man einige Schritte bis zur Vierung, kann es schon passieren, dass man die Orientierung verliert. Es scheint, als sei das Querschiff eine eigene Kirche, denn Lang- und Querhaus sind etwa von gleicher Länge. Und wenn man nach oben schaut, verfängt sich der Blick in dem 30 Meter hohen Gewölbe mit seinen blau-goldenen Sternen. Massive Achteckpfeiler trennen das Langhaus von den Seitenschiffen. Trotz des weißen Anstrichs wirkt die Kirche dunkel, besonders im Chorraum und im Bereich der Orgelempore. Die Fenster sind sehr hoch angesetzt und zudem farbig. Heller ist es im nördlichen Querhaus und im Chorumgang.

Noch heute verfügt die Marienkirche über eine reiche Ausstattung. Aber welche Pracht muss hier in vorreformatorischer Zeit geherrscht haben! Die Schaulust der Gemeinde während der langen Gottesdienste befriedigend und den Glauben anregend, war allerlei Interessantes angebracht: So gab es etwa ein wundertätiges Marienbild, in dessen ausgehöhltem Kopf Fische schwammen. Bei jeder ihrer Bewegungen drang Wasser aus den Augen der Muttergottes. Der Eindruck auf die Gläubigen muss ein ungeheurer gewesen sein!

Von besonderer Schönheit ist die hölzerne Kanzel, ein Kunstwerk aus zwei Stilepochen, das so meisterhaft geschnitzt wurde, dass der Eindruck entsteht, es sei aus Naturstein. Kanzelaufgang und Korb stammen aus den 1530er Jahren, kurz nachdem die Reformation in Rostock Einzug gehalten hatte. Mit Ornamenten gefüllt sind die fünf Felder des Kanzelaufgangs, den Kanzelkorb ziert die Darstellung des Lebens Christi. Kanzelrückwand und der Schalldeckel stammen von 1723, dennoch harmonisiert ihr barocker Stil mit dem Korb. In Rundnischen ist die Apokalypse mit der Offenbarung des Johannes dargestellt, der zum Jüngsten Gericht blasende Engel bildet den Abschluss.

Von atemberaubender Großartigkeit und den Raum beherrschend ist das Ensemble von Fürstenempore und Orgel. Im Stil des Rokoko wurde die einer Theaterloge ähnliche Empore 1749–1751 erbaut. Die Initialen »C L« weisen auf die Regentschaft Christian Ludwigs II. von Mecklenburg-Schwerin hin. Der zweistöckige Orgelpros-

Oben: Kanzel
Links: Fürstenempore

Die reich verzierte **astronomische Uhr** gliedert sich in zwei Stockwerke: das untere Kalendarium und das obere Zifferblatt. In kleinen Nischen stehen Christus und um ihn herum Apostelfiguren. Mittags 12 Uhr und um Mitternacht laufen sie um Christus herum. Vor dem letzten jedoch, Judas, schließt sich die Tür. Das Uhrenfeld zeigt die Tageszeit, den Tierkreis, den Sonnenstand und die Mondphase. Im Kalendarium mit einem Durchmesser von zwei Metern findet man vier Astronomen in den Zwickeln, der äußere Ring zeigt das jeweilige Tierkreissymbol an. Nach innen folgen ein Ring mit den Monaten, dem Tagesdatum, dem Tagesbuchstaben, dem Tagesheiligen und dem Zeitpunkt des Sonnenaufgangs. Die zentrale Scheibe zeigt in zwei Sichtfenstern die jeweilige Länge von Tag und Nacht an.

pekt entstand 1766–1770. Dahinter verbirgt sich eine moderne viermanualige Schleifladen-Orgel der Firma Sauer aus Frankfurt an der Oder aus dem Jahr 1938. Vor der Empore findet sich Kastengestühl aus dem Barock, darunter das ausgewiesene Professoren- und Ratsgestühl.

Geht man im Uhrzeigersinn weiter, kommt man zunächst zur Krämer-Compagnie-Kapelle, in der drei wertvolle Arbeiten aus Textil ausgestellt sind, darunter das Hochzeitstuch, eine Seidenstickerei auf weißem Leinen aus dem 16. Jahrhundert. Es diente wohl im Mittelalter der Umhüllung von Braut und Bräutigam während des Segens. Im nördlichen Abschluss des Querhauses hat der Nikolaialtar seinen Platz gefunden. Er stammt aus der im Zweiten Weltkrieg zerstörten Nikolaikirche und wird ins 15. Jahrhundert datiert. In der nordöstlichsten Chorkapelle, direkt vor den Stufen zum Chor, steht das wohl bedeutendste und älteste Kunstwerk der Kirche, die bronzene Tauffünte aus dem Jahr 1290. Sie stammt aus einer Rostocker Werkstatt, weist aber Ähnlichkeiten mit dem Taufbecken des Hildesheimer Domes auf. Von vier Männerfiguren getragen, die als die vier Paradiesströme oder vier Elemente bezeichnet werden, zeigt sie in den einzelnen Feldern Begebenheiten aus dem Leben Jesu. Die Holzflügel des Adlers auf dem Deckel wurden erst nach dem Zweiten Weltkrieg angesetzt.

Den zweigeschossigen barocken Hochaltar errichtete man 1721 nach Plänen des Berliner königlichen Baudirektors Christian Rudolph von Stoldt. Die Gemälde, eine Abendmahlszene und die Auferstehung Christi, stammen von Andreas Weißhut; die Figuren, verschiedene Tugenden, alttestamentliche Könige und das in einem Strahlenkranz ruhende Auge Gottes, schuf der Bildhauer Hinrich Schaffer.

Im Chorumgang, in der südöstlichen Chorkapelle, steht eines der beiden aus vorreformatorischer Zeit erhaltenen Kunstwerke – der Rochus-Altar, der um 1530 im Umkreis der Werkstatt des Bildschnitzers Benedikt Dreyer geschaffen wurde. Der Altar mit seinen überlebensgroßen Figuren aus Eichenholz ist für die norddeutsche Schnitzkunst untypisch. Dreyer hat hier wohl auf süddeutsche Vorbilder zurückgegriffen.

Hinter dem Hauptaltar, zwischen den beiden Pfeilern im Chorscheitel, befindet sich die **astronomische Uhr**.

1470 verpflichteten die Stadtväter den Danziger Meister Hans Düringer, der soeben eine Monumentaluhr für die Danziger Marienkirche vollendet hatte, eine ebenso große, wenn nicht noch prächtigere Uhr zu fertigen. Etwa 1472 begann die Uhr in Rostock zu arbeiten, und das tut sie auch heute noch, obwohl im 17. und 20. Jahrhundert umfangreiche Instandsetzungen vonnöten waren. Zudem muss das Kalenderblatt etwa alle einhundert Jahre aktualisiert werden, ein neues Blatt wurde im Jahr 2018 angebracht, das bis 2150 gültig ist.

Die Seitenkapellen, in denen sich Nebenaltäre befunden haben, wurden nach der Reformation zu Grabkapellen umfunktioniert. Hinzuweisen ist auf das unbenutzte Erbbegräbnis des Rostocker Zweigs der Schriftstellerfamilie Mann in der früheren Schuster-Kapelle. Im südlichen Querhausarm fand das Fragment eines Marienaltars seinen Platz. Um 1435 entstanden diese vier Szenen der Mariengeschichte und der Passion Christi. 2011 fand die Glockenweihe der vier historischen und der zwei neuen Glocken von St. Marien statt. Von 1300 stammt die älteste Glocke. Zwei weitere wurden in der Werkstatt von Rickert de Monkehagen im 15. Jahrhundert, die jüngste der historischen Glocken 1554 von Hans Lavenpris gegossen.

Nordwest-Ecke des Neuen Markts mit Möwenbrunnen

17 | Rathaus

»Ratskeller12« Mo–Fr ab 11.30 Uhr, Sa/So ab 9 Uhr

Der Neue Markt, einst Zentrum der 1265 vereinigten Gesamtgemeinde, hat nach dem folgenschweren Teilbebauungsplan von 1953/60, nach dem Stein- und Lange Straße zu einer erheblich verbreiterten Magistrale verbunden wurden, seine einstige Gestalt und Bedeutung verloren. An drei Platzseiten ist die Bebauung wiederhergestellt, die Nordseite jedoch lässt den Blick ins Leere gleiten.

An der Ostseite des Marktes steht das Rathaus der Stadt. Aus einem Doppelhaus vom Ende des 13. Jahrhunderts, das als Kauf- und Rathaus genutzt wurde, entstand 1484 ein »Neues Haus« mit Laube und Schauwand, die in den Folgejahren mit den sieben Fialtürmchen versehen wurde. Seit 1729 kann man einen barocken Vorbau, der die gotische Schauwand weitgehend verdeckt, bestaunen. Durch Pilaster ist die Putzfassade nun in sieben Achsen gegliedert. Über den Rundbogenarkaden der Laube erheben sich die Obergeschosse, deren Mittelachse von zwei vorstehenden Säulen, dem Balkon und dem geschweiften Uhrenhaus abgeschlossen wird. Dahinter ist noch der spätgotische Schaugiebel mit dem Wechsel von schwarz-grün glasierten und roten Backsteinlagen und den Türmchen zu sehen. Der an den Bauhaus-Stil erinnernde Anbau links neben der historischen Fassade wurde 1951/52 nach Plänen Hermann Henselmanns realisiert. Bis voraussichtlich 2027 wird hinter dem Rathaus An der Hege ein gigantischer Erweiterungsbau entstehen.

Im Jugendstil von Gustav Dehn entworfen, öffnete 1907 das Stadthaus hinter dem Rathaus seine Pforten. Beide sind durch eine über der Straße angebrachte Brücke, im Volksmund die »Höhere Beamtenlaufbahn« genannt, verbunden. Bis 2012 fand eine grundlegende Sanierung des Rathauses und die Rekonstruktion der Gebäude im Bereich der Großen Wasserstraße statt; Stadthaus, Stadtarchiv, Schustergarten, Kerkhoffhaus und Walldienerhaus, ein spätgotisches Staffelgiebelhaus aus dem Jahre 1500, vervollständigen heute das Ensemble. In der Rathaushalle präsentiert eine Ausstellung Zeugnisse der fast 800 Jahre alten Baugeschichte.

18 | Kerkhoffhaus

Geht man nun rechts am Rathaus vorbei, erblickt man schon vom Neuen Markt aus an der Einmündung der Straße Hinter dem Rathaus den spätgotischen Giebel des Kerkhoffhauses. Die Kerkhoffs, die niederdeutsche Schreibweise für Kirchhof, zählten zu den bedeutenden Patrizierfamilien Rostocks, ihr Erbbegräbnis befindet sich in St. Marien. Barthold Kerkhoff, seit 1474 Bürgermeister der Stadt, ließ sich das prächtige Gebäude 1470 erbauen. Der siebenachsige Staffelgiebel mit seinem reichen Terrakottaschmuck, dem Fries mit allegorischen Szenen und Einzelfiguren, den Putten mit Bildmedaillons und der Kreuzigungsgruppe in der Spitze zählt zu den schönsten Zeugnissen mittelalterlicher Architektur in Rostock. 1905 erwarb die Stadt das Grundstück, riss alle Nachbarhäuser ab und verschonte nur den Giebel und die anschließende Außenwand des Kerkhoffhauses. Daran errichtete man ein Jugendstil-Gebäude für das Stadtarchiv. Heute befindet sich hier das Standesamt.

Juden in Rostock
Bereits im 13. Jahrhundert siedelten sich Juden in Rostock an. Sie wurden allerdings, wie in vielen deutschen Städten, im 14. Jahrhundert vertrieben, weil man sie der Brunnenvergiftung bezichtigte. Erst 1868 kamen wieder Juden in die Stadt. Die 1870 gegründete Gemeinde zählte 1932 350 Mitglieder. Mit einer Spende des wohlhabenden Kaufmanns Meyer-Gimpel konnte 1902 in der Augustenstraße 101 eine Synagoge errichtet werden. Am 10. November 1938 wurde sie von der SS angezündet, wobei der NSDAP-Kreisleiter auf den Stufen stand, Thora-Rollen zerriss und die Fetzen an Passanten weiterreichte. Etwa die Hälfte der Gemeindemitglieder wurde deportiert und ermordet. Erst 1992 wurde eine neue Landesgemeinde Mecklenburg-Vorpommern gegründet.

19 | Krahnstöver-Haus

Wenn man die Große Wasserstraße entlanggeht, fällt nach wenigen Metern auf der linken Seite ein weiteres Zeugnis mittelalterlicher Backsteinarchitektur auf. Das Krahnstöver-Haus gehörte der Kaufmannsfamilie des Julius Krahnstöver, der das Gebäude mitsamt Grundstück 1876 erwarb und hier eine »Dampf-Korn-Brennerei, Hefe- und Liqueur-Fabrik« betrieb. Hergestellt wurde neben Rostocker Doppelkümmel auch ein Likör mit dem vielversprechenden Namen »Katerlikör«, ein Getränk, das gegen beinahe alle Beschwerden helfen sollte. Besondere Erfolge verbuchte man mit der Entdeckung der afrikanischen Kola-Nuss, die in einem Kola-Nuss-Likör, aber auch in der »Ur-Kola« verwendet wurde. Das Gebäude selbst gilt als das älteste Wohnhaus von Rostock, lassen sich doch Brandmauern und Dachsparren auf das Jahr 1320 datieren. Architektonisch bedeutsam ist der siebenachsige gotische Staffelgiebel mit seinen sechzehn Fialtürmchen und dem Zinnenbesatz. Nach zahlreichen Eigentümerwechseln findet man heute in dem Kaufmannshaus eine liebevoll geführte Hotelpension.

Erika Fuchs
1906–2005, Übersetzerin. Fuchs wurde in Rostock geboren und besuchte ab 1910 die Volksschule in Belgard. Nach dem Studium der Kunstgeschichte, Archäologie und mittelalterlichen Geschichte wurde sie 1951 Chefredakteurin des deutschen »Micky Maus«-Magazins. Berühmt wurde sie durch ihre Übersetzungen der Donald-Duck-Geschichten, die mit Zitaten aus der klassischen deutschen Literatur versehen sind. Ihre auf den Wortstamm verkürzten Verben für bildlich schwer Darstellbares wie »würg«, »seufz« oder »stöhn« werden ihr zu Ehren als Erikativ bezeichnet.

20 | Raumklammer

Unter der Grubenstraße floss bis zum 19. Jahrhundert ein Nebenarm der Warnow, Grube genannt, der überbaut wurde. Seit 1852 verband innerhalb dieser Senke eine Eisenbahnlinie den Bahnhof mit dem Rostocker Stadthafen. Die alte hölzerne Viergelindenbrücke schwang sich darüber und vereinigte die beiden Stadtteile Alt- und Mittelstadt. 1944 wurde sie bei einem Eisenbahnunfall zerstört. Als symbolische Verbindung der beiden bis 1265 unabhängig voneinander existierenden Quartiere gestaltete 2003 der Hallenser Künstler Thomas Leu die »Raumklammer«, eine Konstruktion aus Edelstahl.

Kuhtor

21 | Kuhtor

Am südlichen Ende der Grubenstraße steht das älteste Tor der Rostocker Stadtbefestigung, das 1262 erstmalig erwähnte Kuhtor. Seinen Namen erhielt es im 14. Jahrhundert, weil hier das Vieh auf die Wiesen getrieben wurde. Der Backsteinturm mit etwa quadratischem Grundriss wurde 1825 zum Wohnhaus umgebaut, 1937 teilweise rekonstruiert und nach Kriegsschäden in den 1960er Jahren wieder aufgebaut. Das Tor hat eine Durchfahrt von 3,5 mal 3 Metern, und seine Mauern, im Fundament aus schweren Findlingen bestehend, sind etwa zwei Meter dick. Nur wenige Meter geht man in westlicher Richtung an der erhaltenen Stadtmauer entlang und kommt zum Lagebuschturm, dem einzig erhaltenen früheren Wehrturm.

22 | St. Nikolai

Veranstaltungen unter www.nikolaikirche-rostock.de

Im südlichen Teil der Altstadt erhebt sich die dreischiffige Nikolaikirche, heute Veranstaltungs- und Konzertraum. Die fünfjochige Backsteinhalle ruht auf schweren Feldsteinsockeln. Ein zweijochiger Chor verlängert das Mittelschiff, in das im Westen ein Turm teilweise eingebaut wurde. Die erste Erwähnung der Kirche datiert von

1257. Sie stellte mit ihren drei annähernd gleich großen Schiffen die erste chorlose Hallenkirche in Mecklenburg dar. Bis zu ihrer Weihe, die vermutlich 1312 stattfand, kam es zu eingreifenden Umbauten, auch der 132 Meter hohe Westturm wurde errichtet. Im 15. Jahrhundert wurde ein Chor mit einer Straßendurchfahrt, ein Schwibbogen mit dem Wandgemälde des Hl. Nikolaus, angebaut. 1703 tobte ein Orkan über Rostock, der den Turm zum Einsturz brachte. Drei Jahre später begann man, einen neuen Turm mit Pyramidendach und Barocklaterne zu errichten. 1942 wurde die Kirche stark beschädigt, die meisten der Ausstattungsstücke fielen den Bomben zum Opfer. Bis 1976 boten Turmruine und Kirche, letztere nur notdürftig mit einer Plane abgedeckt, einen trostlosen Anblick. Erst nach der Zusammenlegung von St. Nikolai und St. Petri zu einer Gemeinde konnte mit der Rekonstruktion begonnen werden. Außergewöhnlich ist die Nutzung der Turmgeschosse und des hohen Dachbodens für Wohnungen und Büroräume; Einschnitte für Dachterrassen in Kirchendächern sind ein nicht ganz alltäglicher Anblick. Endgültig fertiggestellt wurde der Wiederaufbau der Kirche 1994.

Erhalten hat sich von der Innenausstattung nur wenig. Der überlebensgroße Gekreuzigte ohne Kreuz stammt wohl aus der Mitte des 13. Jahrhunderts. Das geschnitzte Kruzifix, mit Tunika und wohl ursprünglich bekrönt, steht ikonographisch in der Tradition des Volto Santo von Lucca. Weitere Schnitzfiguren im Innenraum, der Hl. Nikolaus, Johannes der Täufer und ein Verkündigungsengel, entstanden in der zweiten Hälfte des 15. Jahrhunderts. Nicht eindeutig geklärt ist hingegen, ob es sich bei den Resten der Wandmalereien aus dem 15. Jahrhundert an der nördlichen Westwand im Kirchenschiff um die Darstellung der Heiligen Wilgefortis handelt. Unter dem Kirchenschiff stehen in einer Art Krypta zwei Sarkophage für Casimir Albrecht Moltke und seine Gattin. Die Moltkes zählten zum mecklenburgischen Uradel und besaßen bis 1816 das Rittergut Schorssow im heutigen Landkreis Rostock.

Die Orgel, 1971 von dem Kaufbeurer Orgelbauer Gerhard Schmid erbaut, erklang viele Jahre in der evangelischen Philippus-Kirche im bayerischen Rummelsberg und wurde 2002 in Rostock eingebaut und geweiht.

Die Heilige **Wilgefortis**, auch Kümmernis genannt, lebte um 130 in Portugal als christliche Tochter eines heidnischen Vaters. Sie bat Gott um einen Bart, um der Verheiratung mit einem heidnischen Prinzen zu entgehen. Daraufhin ließ ihr Vater sie in Lumpen bekleidet ans Kreuz nageln, von wo aus sie drei Tage predigte und viele Menschen bekehrte. Ihr Name leitet sich ab von »mit starkem Willen«. Sie wird stets als Bärtige am Kreuz dargestellt, ihre Attribute sind ein goldener und ein unbekleideter Fuß. Ihr Gedenktag ist der 20. Juli.

Oben: Schwibbogen mit Gemälde des Hl. Nikolaus
Links: Raumklammer und St. Nikolai

23 | St. Petri

Turmaufstieg (Lift vorhanden) Mai–Sept. 10–18 Uhr;
Okt.–Apr. 10–15 Uhr

Die älteste Besiedelung auf dem heutigen Rostocker
Stadtgebiet befand sich um 1160 auf dem Hochufer der
Warnow an der Nordseite des heutigen Alten Marktes.
Eine Kirche wurde erstmalig 1252 erwähnt. Auf der be-
gonnenen Halle setzte man den Bau wohl in der Mitte
des 14. Jahrhunderts fort, nun als Basilika mit einem po-
lygonalen Chor. Der heutige Westturm entstand zu Be-
ginn des 15. Jahrhunderts. Im 18. Jahrhundert renovierte
man den Kirchenraum, schmückte ihn mit einer pracht-
vollen Orgel und einem hohen Altar und übertünchte die
Wände weiß. Und noch einmal, 1904–1909, erfolgte eine
umfassende Renovierung, bei der die bis zu den Spitzbogenfenstern zugemauerten Obergadenfenster nach dem
Anbau von Pultdächern auf den Seitenschiffen geöffnet
werden konnten. Das Kircheninnere wurde damit um ein
Vielfaches heller und freundlicher.

Auch St. Petri wurde 1942 ein Opfer der Bombenangriffe. Die Dächer, die Gewölbe des Mittel- und Südschiffs,
der hochaufragende Spitzhelm des Turmes und die
meisten Ausstattungsstücke wurden zerstört. Erst 1994
konnte der Wiederaufbau der Petrikirche als vollendet
betrachtet werden. Während der vielen Jahre des Baus
wurden die Bogenarkaden zum Mittelschiff zugemauert
und das Südschiff mit einer niedrigeren Decke versehen,
das Mittelschiff erhielt aus Spenden der Staatskirche
Schweden ein neues Dach. Der spitze Turmhelm, von
weitem das Erkennungszeichen der Kirche im Ensemble
der Stadtkirchen Rostocks, wurde in einer spektakulären
Aktion 1994 wieder aufgesetzt. Die ganze Konstruktion,
bestehend aus 650 Kubikmetern Lärchenholz mit einem
Gewicht von 265 Tonnen, wurde auf dem Kirchhof in drei
Segmenten vorgefertigt und mit einem Spezialkran auf
den 48 Meter hohen Turmschaft gehievt. Mit Kupferblech
eingedeckt, ziert sie wieder der originale, 1942 aus dem
Schutt gerettete vergoldete Wetterhahn.

Das Kircheninnere, das man durch das Westportal
betritt, ist hell und von großer Schlichtheit. Die bronzene Tauffünte von Andreas Riebe aus dem Jahr 1512, ein

Nordschiff

glockenförmiger Kessel, der von drei mit Tierfellen bekleideten Figuren getragen wird, ist wohl das wertvollste Ausstattungsstück. Auf dem Kessel sind in zwei Reihen Reliefs angeordnet, die neben Maria mit dem Kinde die Apostel und verschiedene Heiligenfiguren darstellen. Die bunten Glasfenster, die Szenen aus dem Leben des Petrus zeigen, wurden Ende der 1950er Jahre von Lothar Mannewitz entworfen, der Altar auf der vor Ort aus Beton gegossenen Mensa von Helmut Griese gefertigt. Im Mittelgang des Mittelschiffs hat das älteste Schiffsmodell Mecklenburgs, das ursprünglich St. Marien gehörte, seinen Platz gefunden. Die über anderthalb Meter lange Fregatte englischer Bauart mit dem Namen »Die Gewissheit« wurde 1769 von dem Prerower Peter Kraeft gestiftet oder erbaut.

Am Südwestausgang ist eine 1920 gefertigte Kopie des Cranachschen Flügelaltars aus der Wittenberger Stadtkirche angebracht, die eigentlich für die Rostocker Lutherkirche geplant war. Da der Bau der Kirche wegen der Inflation nicht realisiert werden konnte, fand sie hier ihren Platz. Unbedingt empfehlenswert ist es, den 117 Meter hohen Turm bis zur Aussichtsplattform auf 45 Metern Höhe zu besteigen. Zu Fuß sind es 196 Stufen, man kann aber auch in 26 Sekunden mit dem Lift nach oben fahren.

Joachim Slüter
1490–1532, Reformator. Slüter wirkte seit 1517 als Prediger in Rostock. 1518 immatrikulierte er sich an der Universität und wurde 1523 als Kaplan an St. Petri eingesetzt. Hier begann er reformatorisch zu wirken. Für die eher ärmeren Bewohner der östlichen Altstadt predigte Slüter in Plattdeutsch, wodurch seine Gottesdienste großen Zulauf erhielten. 1525 gab er das erste niederdeutsche Gesangbuch heraus. Zeitweilig musste Slüter, den seine katholischen Gegner den »schwarzen Köter von St. Petri« nannten, nach Morddrohungen Rostock verlassen. Nach Zustimmung des Rates wurde Rostock 1531 evangelisch.

24 | Slüter-Denkmal

1862 setzten die Rostocker Bürger ihrem großen Reformator Joachim Slüter zu seinem 330. Todestag ein Denkmal nordöstlich der Petrikirche. Ursprünglich erhob sich über einem Altar mit aufgeschlagener Bibel ein gusseiserner neogotischer Baldachin, bekrönt von einem Fialtürmchen. In den 1960er Jahren trug man den Altarhimmel jedoch ab. Heute steht über dem Altar eine Edelstahlkonstruktion des Rostocker Architekten Ulrich Hammer aus dem Jahr 1994, die eine bereits 1967 gefertigte eiserne Bekrönung mit vier zueinander geneigten Spitzbogen enthält. An den Resten der alten Stadtmauer, am Ende der Slüterstraße hinter der Kirche, stand das östlichste der Stadttore, das Petritor, das 1960 gesprengt wurde.

25 | Hochschule für Musik und Theater Rostock

Die Rostocker Altstadt zeigt heute beinahe nichts mehr von ihrem mittelalterlichen Charakter. Bereits Ende des 19. Jahrhunderts, im Zuge der Industrialisierung, wurden die meisten der alten Giebelhäuser von den Bewohnern abgerissen und durch moderne Traufenhäuser ersetzt, die mehr Licht in die Stuben brachten. Geht man die Straße Sackpfeife zur Hartestraße, in der der »Petrikeller« zu mittelalterlichen Gaumenfreuden lädt (Di–So 17–22 Uhr), stößt man in der Straße Beim Waisenhaus auf die gelungenste Verbindung alter Bausubstanz mit moderner Architektur in Rostock: Auf dem Gelände und in den Resten des ehemaligen Katharinenklosters wurde 2001 die Hochschule für Musik und Theater Rostock eröffnet.

Um 1237 gründeten Lübecker Franziskanermönche ein Tochterkloster »nah am Wasser«, nämlich am Ufer des alten Nebenarms der Warnow. Um 1259 wurde ihre erste Kirche in Rostock erwähnt, eine dreischiffige Backsteinhalle und eine an der Südseite angebaute Kapelle, geweiht der Katharina von Alexandrien. Bis zum 14. Jahrhundert entstanden die Klausurgebäude. 1677, beim Großen Stadtbrand von Rostock, wurde das Kirchenschiff zerstört. Im Laufe der Jahrhunderte dienten die Gebäude verschiedenen Zwecken, darunter als Speicher, Schule, Waisenhaus und Altenheim.

1995 fiel die Entscheidung, das ehemalige Kloster mit Mitteln des Landes und der Stadt um- und auszubauen, um der im Vorjahr gegründeten Hochschule für Musik und Theater eine würdige Heimat zu geben und dabei Neues und Altes klar zu trennen. Überall ergeben sich nun spannungsvolle Ansichten, Backsteinmauern und Glasfronten stehen einander gegenüber, und moderne Materialien stoßen an alte Gewölberippen. Der Westflügel mit den kreuzgewölbten Räumen und gotischen Fenstern sowie der Kreuzgang zählen zu den architektonischen Kostbarkeiten der Anlage. Der Klosterhof kann heute für Open-Air-Veranstaltungen genutzt werden, das ehemalige Refektorium dient als Orgelsaal, im Dormitorium, dem einstigen Schlafsaal, entstand ein Kammermusiksaal, und im ehemaligen Beichthaus haben die Bestände der Bibliothek ihren Platz gefunden. Von der ausgezeichneten Akustik der Konzertsäle kann man sich in einem der vielen öffentlichen Konzerte überzeugen. Seit 2008 besteht die Young Academy Rostock, die musikalisch Hochbegabte aus dem In- und Ausland fördert, und deren Schirmherr Daniel Barenboim ist.

Der **Große Stadtbrand** begann mit einem Feuer, das am 11. August 1677 bei einem Bäcker in der Altschmiedestraße ausbrach. Schnell griffen die Flammen auf die Nachbargebäude über. Es wehte ein heißer Südostwind, der das Feuer in nordwestlicher Richtung trieb. Erst am nächsten Tag konnte es unter Kontrolle gebracht werden. Dem Großen Stadtbrand fiel rund ein Drittel der mittelalterlichen Bausubstanz zum Opfer. Er steht heute als Zäsur in der Geschichte Rostocks und markiert ihr Ende als bedeutende Hanse- und Handelsstadt.

26 | Mönchentor

Am nördlichen Ausgang der Großen Mönchenstraße erblickt man das nördlichste und letzte verbliebene Strandtor, das Mönchentor, das bereits 1316 erwähnt wurde. Im 16. Jahrhundert, als das Tor im Stil der Renaissance errichtet wurde, reichte der Strand tatsächlich noch bis hierher. Ein Stein an der Westseite des Tores erinnert an die große Sturmflut von 1625. 1805 erneuert, sieht man dem klassizistischen Putzbau mit der rundbogigen Durchfahrt an, dass er schon nicht mehr Verteidigungszwecken diente. Heute befindet sich hier der Sitz der Denkmalpflege Rostocks.

Die Gegend rund um die Strandstraße war einst ein Quartier, in das man sich zur Abendstunde als besserer Bürger lieber nicht wagte. Matrosen vertrieben sich die Zeit bis zum Ablegen, Spelunken und andere Stätten der Lebensfreude boten Abwechslung und Erholung für den kurzen Landgang. Heute ist davon nichts mehr zu spüren. Liebevoll sanierte Wohnhäuser wechseln mit teilweise unsanierten alten Speicherhäusern.

27 | Stadthafen

Fahrplan der Warnowfähre www.weisse-flotte.de, Tel. 03831 2 68 10

Nun endlich kommt man zum Hafen, dem Ort, von dem Rostock Reichtum, Selbstbewusstsein und Macht bezog und der so alt ist wie die Stadt selbst. Jahrhundertelang war das Ufer nur mit einem Bollwerk aus Steinkisten befestigt, und die Anlegestellen waren in die Warnow gebaute Brücken. So sieht der Hafen des 16. Jahrhunderts noch auf der Darstellung von Vicke Schorler aus. Mit dem Niedergang der Hanse erlebte der Hafen traurige Zeiten wachsender Bedeutungslosigkeit. 1850 jedoch, als England die Navigationsakte kippte und die Einfuhr von Gütern nach England auch deutschen Schiffen gestattet wurde, blühte Rostocks Hafen wieder auf. 1877 war hier mit 369 Schiffen die größte Handelsflotte im Ostseeraum anzutreffen. In den 1930er Jahren entstanden die meisten der typischen Großsilos. Trotz schwerer

Vicke Schorler

1560–1625, Krämer. Schorler zeichnete 1578 bis 1586 in seiner »Wahrhaftigen Abcontrafactur der hochloblichen und weltberuhmten See- und Hensestadt Rostock – Heuptstadt im Lande Meckelnburgk« detailgetreu Straße um Straße, Haus um Haus Rostocks. Mit einer Länge von mehr als 18 Metern und einer Höhe von 60 Zentimetern ist diese kolorierte Federzeichnung ein einmaliges kulturhistorisches Zeugnis der Hansestadt und ihrer Architektur in der Blütezeit der Gotik. Für Historiker bedeutsam ist sie, weil sie Rostock vor dem verheerenden Stadtbrand von 1677 zeigt. 1937 erstmalig restauriert, überstand sie den Zweiten Weltkrieg unbeschadet im Safe einer Bank. Heute ist sie ein herausragendes Stück der Bildsammlung des Stadtarchivs.

Zerstörungen wurden 1945 von hier aus Industrieanlagen und Eisenbahnschienen als Reparationsleistungen an die Sowjetunion abtransportiert. Bis 1960 war der Hafen der Hauptumschlagplatz für Holz, Getreide und Stückgut der DDR, aber mit dem Ausbau des Rostocker Überseehafens in Petersdorf am südlichen Breitling wurde er für den Seeverkehr zunehmend bedeutungslos. Nach und nach vollzog sich sein Umbau zur touristischen Attraktion. Gut ausgebaute Wege laden zum Bummeln und Schauen ein, Fischkutter locken mit frischem und geräuchertem Fisch. Die alten Speicherhäuser sind heute entweder Bürohäuser oder beherbergen edle Fischrestaurants. Empfehlenswert ist es, vom Kabutzenhof aus mit der Fähre ans gegenüberliegende Gehlsdorfer Ufer zu fahren. Von hier aus kann man den unvergleichlichen Blick auf die Silhouette Rostocks genießen.

28 | Hausbaumhaus

»Zur Kogge« Mo–Mi 16–22 Uhr, Do–Sa 12–22 Uhr

In der Wokrenterstraße 27 gibt es die Gelegenheit, in Rostocks wohl berühmtester, seit 1856 existierender Gaststätte »Zur Kogge« eine Fischmahlzeit einzunehmen. So alt ist auch der imposante Tresen, der umrahmt ist von Geldscheinen aus aller Welt, Schiffsmodellen, präparierten Sägefischen und anderen Meeresbewohnern. Rettungsringe in ausreichender Anzahl fehlen selbstverständlich nicht.

Das spätgotische Hausbaumhaus in der Wokrenterstraße 40 wurde um 1490 zur Zeit der Hanse erbaut. Es ist eines der ältesten voll erhaltenen Kaufmannshäuser und damit ein wertvolles Baudenkmal der Hansestadt Rostock. Einem mächtigen Eichenstamm, der im Kellergewölbe auf einem Findling ruht, verdankt das Haus seinen Namen. Er hat die Funktion einer tragenden Säule und hält so auch die Belastungen des ersten Speicherbodens. Der obere Teil des fünfachsigen Staffelgiebels stammt noch aus dem 15. Jahrhundert, wie man an der dunkleren Farbe der Backsteine erkennen kann. Um 1625 entstand im Hof die Kemlade. Rund einhundert Jahre

später wurden in Verbindung mit der Einrichtung von Wohnräumen in den oberen Geschossen umfassende Umbauten vorgenommen. 1983 konnte das Gebäude nach dreijähriger Sanierung feierlich als Haus der Architekten eröffnet werden. Diese Rekonstruktion war in denkmalpflegerischer Hinsicht vorbildlich und fand in der Fachwelt über die Landesgrenzen hinaus große Beachtung. Sehenswert sind auch die bronzenen Türklinken von Jo Jastram an der mit ausgesonderten Kupfertafeln der Marienkirche belegten Haustür.

29 | Lange Straße

Wieder im Stadtzentrum, gelangt man durch jede der kleinen Gassen zur Langen Straße, der zweiten Ost-West-Verbindung im Zentrum Rostocks, die von der Höhe des Kröpeliner Tors zum Neuen Markt führt. Einst

Im Schwanenteichpark gelegen (Hamburger Straße 40) empfängt die **Kunsthalle Rostock** Besucher. Der einzige Neubau eines Kunstmuseums in der DDR war im Jahr seiner Eröffnung 1969 lediglich als Ausstellungspavillon konzipiert. Sein erster Direktor, Horst Zimmermann, baute jedoch eine eigene Sammlung auf, worunter vor allem zeitgenössische Werke der ostdeutschen Moderne und skandinavische Kunst zu finden waren. Heute stellen hier nationale und internationale Künstler ersten Ranges aus; Schwerpunkte liegen nach wie vor in der Präsentation von Malerei, Grafik und Plastiken, aber auch Fotografie und Comic. Seit 2023 erstrahlt die Kunsthalle in neuem Glanz.

mit schlichten Buden und einfachen Giebelhäusern bestanden und im 19. Jahrhundert mit Gebäuden des Historismus bebaut, wurde sie 1942 zum größten Teil von den Bomben vernichtet. Mit dem Aufbaugesetz der DDR von 1950 wurde Rostock zur »Aufbaustadt«, und 1953 legte Walter Ulbricht den Grundstein für die Neubebauung der Langen Straße, die als prächtige Magistrale ein Symbol für die neue sozialistische Hafenstadt Rostock werden sollte. Begonnen im Stil des Sozialistischen Klassizismus (»Zuckerbäckerstil«), griff man nach Korrekturen durch Hermann Henselmann auf Bauelemente der norddeutschen Backsteinarchitektur mit Schaugiebeln und gotischen Detailformen zurück. Da die Straße jedoch als Aufmarschmeile gedacht war, übertraf sie die Breite der Vorgängerstraße um das Dreifache. Die Lange Straße steht seit 1979 unter Denkmalschutz.

Ein Wahrzeichen der Stadt ist das Hochhaus an der Einmündung zur Breiten Straße, das mit seinem spitzen Türmchen anstelle des abgerissenen Jakobikirchturms die einstige berühmte Silhouette der Stadt wiederherstellen sollte. Zum Ausklang des Stadtspazierganges findet man zwischen Eselföterstraße und Fauler Grube im Hof des ehemaligen Heiligengeisthospitals eine Oase der Ruhe.

Hanse Sail
Seit 1991 findet alljährlich am zweiten Wochenende im August das größte Segler- und Windjammertreffen in Mecklenburg-Vorpommern statt. Eine Million Besucher kommt mittlerweile, um Traditionssegler, Oldtimer und Museumsschiffe zu besichtigen und mit an Bord zu gehen. Ein breites Kultur- und Unterhaltungsangebot umrahmt das Volksfest, dessen Höhepunkt zwei Feuerwerke im Stadthafen und gleichzeitig in Warnemünde sind.

Nach Warnemünde, heute ein Stadtteil von Rostock, gelangt man mit dem Auto, mit der S-Bahn vom Rostocker
Hauptbahnhof aus oder, und das ist der schönste Weg,
im Rahmen einer Großen Hafenrundfahrt mit Landgang
in Warnemünde. Dabei besichtigt man fünf Häfen (Rostocker Stadthafen, Rostock Port, Fischereihafen Rostock,
Yachthafen Warnemünde und den Alten Strom in Warnemünde).

Warnemünde liegt an der Mündung der Warnow in die
Ostsee und heißt deshalb so. Bereits 1195 wird es in dänischen Urkunden erwähnt. Einst gehörte es zur fürstlichen
Herrschaft Rostock. Nach dem Tod des letzten Fürsten,
Nikolaus das Kind, erwarb die Stadt Rostock das Dorf, um
sich den Zugang zum Meer zu sichern. Bis ins 20. Jahrhundert war das arme Fischerdorf Warnemünde eine Exklave
Rostocks und wurde in seiner Entwicklung ständig von
den Rostockern beschnitten. Weder durften die »Warn-
minner«, wie sie sich nennen, Schiffe bauen, noch durften
sich Bäcker oder Schlächter ansiedeln. Das verzeihen die
Warnemünder den »Utlännern« bis heute nicht. »Smiet'n
Diewel in' Strom. Is'n Rostocker, lat'n driewen« — heißt ein
geflügeltes Wort im schönsten Plattdeutsch.

Vogtei

Warnemünde entwickelte sich im 19. Jahrhundert vom armen Fischerdorf zum immer beliebter werdenden Badeort. Der erste Badegast kam 1817, dreißig Jahre später gab es ein Herren- und ein Damenbad am Strand, und seit 1888 muss man im nun Seebad genannten Warnemünde Kurtaxe zahlen. 1910 kamen 20 000 Badegäste im Jahr, heute sind es einige mehr.

Im 19. Jahrhundert wurde der Neue Strom ausgebaggert, um mit der Erde aus dem Kanalbett ein Bahngelände aufwerfen zu können. 1896 schüttete man den Alten Strom in der Höhe des roten Zollhauses zu, um die Gleise der neuen Eisenbahnlinie für eine Bahn-Dampfer-Verbindung nach Dänemark legen zu können. Im Sommer des gleichen Jahres startete die erste Postdampferverbindung von Warnemünde nach Gedser.

Der Rundgang durch Warnemünde beginnt am **Bahnhof** auf der Mittelmole. Es lohnt sich, einen kurzen Abstecher zum Seekanal zu machen, an dem sich das 2005 eröffnete Kreuzfahrtterminal befindet. Über die **Drehbrücke**, die, 1903 als Eisenbahnbrücke erbaut, den Bahnhof mit dem westlichen Ortskern verbindet, kommt man zum ältesten Warnemünder Gebäude, der **Vogtei**. In dem 1605 zur Straße hin traufseitig erbauten Haus, dessen älteste Teile ins Jahr 1300 datiert werden, residierte einst der dänische König Erich VI., um sich die Vorherrschaft an der südlichen Ostseeküste zu sichern. Im Volksmund »de Vaagtie« genannt, war sie später Sitz des Vogts, der vom Rostocker Rat eingesetzt wurde und stets eine Schankerlaubnis besaß. Die Straße Am Strom wird »Vörreeg« genannt, die Vorderseite, im Gegensatz zur parallel verlaufenden Alexandrinenstraße, der »Achterreeg«, der Hinterseite. Ein paar Schritte nach links und man steht vor einer der typischen Fischerkaten aus dem 17. Jahrhundert, in der 1907/08 der Maler **Edvard Munch** lebte. Munch (1863–1944) erhoffte sich hier nach dem Bruch seiner Verlobung, schweren Alkoholexzessen und Depressionen Erholung und physische Gesundung. Hier zeichnete er Landschaften, streng horizontal komponierte Ansichten des Alten Stroms, und 1907 erste Studien zu seinem großen Bade-Triptychon. Die Aktdarstellungen jedoch lösten einen Skandal in dem kleinen Warnemünde aus. Heute werden in dem Haus Wechselausstellungen moderner Kunst gezeigt (Am Strom 53, Sa/So 12–17 Uhr).

Den **Alten Strom** entlang, vorbei an liebevoll sanierten kleinen Häusern, die alle den für Warnemünde typischen verglasten Balkon an der Stromseite vorweisen, kommt man zur **Westmole**. 541 Meter weit ragt sie ins Meer. Der Blick auf den weiten Sandstrand mit der Steil-

Heinkel-Werke

Ernst Heinkel (1888 bis 1958) gründete 1922 die Ernst Heinkel Flugzeugwerke Warnemünde. Zunächst wurden Schwimm- und Schulflugzeuge gebaut. In den 1930er Jahren waren sie zum größten Industriebetrieb und Rostock damit zum wichtigsten Hochtechnologiestandort Mecklenburgs geworden. Die Aufrüstungspolitik der Nationalsozialisten begünstigte die Expansion der Heinkel-Werke, die ab 1935 für das Heereswaffenamt produzierten. Bis 1945 waren zahlreiche Zwangsarbeiter und Kriegsgefangene beschäftigt.

Edvard-Munch-Haus

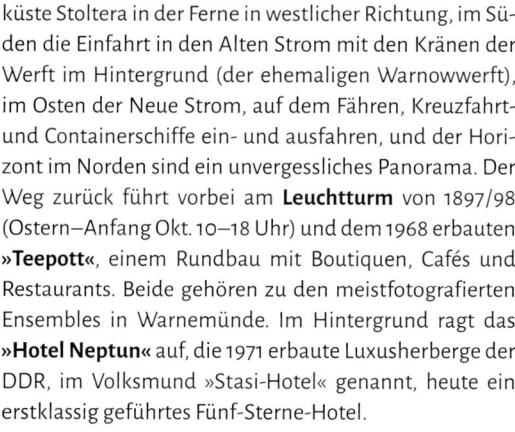

»Teepott« mit Leuchtturm

küste Stoltera in der Ferne in westlicher Richtung, im Süden die Einfahrt in den Alten Strom mit den Kränen der Werft im Hintergrund (der ehemaligen Warnowwerft), im Osten der Neue Strom, auf dem Fähren, Kreuzfahrt- und Containerschiffe ein- und ausfahren, und der Horizont im Norden sind ein unvergessliches Panorama. Der Weg zurück führt vorbei am **Leuchtturm** von 1897/98 (Ostern–Anfang Okt. 10–18 Uhr) und dem 1968 erbauten **»Teepott«**, einem Rundbau mit Boutiquen, Cafés und Restaurants. Beide gehören zu den meistfotografierten Ensembles in Warnemünde. Im Hintergrund ragt das **»Hotel Neptun«** auf, die 1971 erbaute Luxusherberge der DDR, im Volksmund »Stasi-Hotel« genannt, heute ein erstklassig geführtes Fünf-Sterne-Hotel.

In den Ort hinein geht es nun durch die Alexandrinenstraße. Der gesamte Ortskern Warnemündes steht unter Denkmalschutz. Die Seitenstraßen tragen keine Namen, sondern sind als Querstraßen römisch numeriert. An der Kreuzung zur Kirchenstraße erblickt man rechter Hand die **Kirche**. Sie wurde 1866–1871 errichtet. Neben einem Schnitzaltar von 1475, der Kanzel von 1591 und zwei Votivschiffen kann man eine Schnitzfigur des heiligen Christophorus aus dem letzten Viertel des 15. Jahrhunderts bewundern. An der Ecke Kirchenstraße/Am Strom findet man die **Tourist-Information** (Öffnungs-

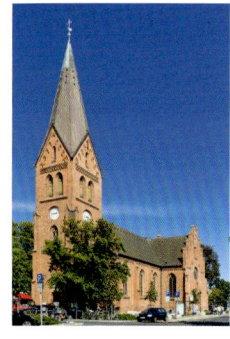

zeiten siehe S. 5). Nur wenige Schritte weiter begrüßt in der Alexandrinenstraße 30/31 das **Heimatmuseum Warnemünde** (Apr.–Okt.: Di–So 10–17 Uhr; Nov.–März: Mi–So 10–17 Uhr) seine Gäste mit einer Sammlung von Alltagsgegenständen und eingerichteten Wohn- und Wirtschaftsstuben typischer Warnemünder Häuser, wie sie im 19. Jahrhundert ausgesehen haben. Mit Hingabe ist die Dokumentation der Seefahrt, des Fischfangs, des Lotsenwesens und der Entwicklung des Bäderwesens aufgebaut worden. Ein besonderer Teil der Ausstellung ist Stephan Jantzen (1827–1903) gewidmet, dem wohl berühmtesten Warnemünder Lotsen. 1866 berief ihn das »Löbliche Gewett« zum Lotsenkommandeur, und im Laufe seiner 37-jährigen Dienstzeit rettete er 94 See-leuten das Leben. Sein Grab befindet sich im Stephan-Jantzen-Park hinter der Kirche.

Zurück über die Drehbrücke geht es nun an der Ost-seite des Alten Stroms entlang. Hier gehen die Fischkut-ter vor Anker, und die Fischer bieten in kleinen Buden frischen und geräucherten Fisch an. Die Auswahl an Re-staurants und Bistros ist groß. Am schönsten jedoch ist es, den Tag mit einem großen Stück geräucherten oder gebratenen Fischs an einem der Imbissstände am Ende der Promenade zu beschließen.

Gesamtansicht von Warnemünde

Rostock an einem Tag. Ein Stadtrundgang
Herausgegeben von Mark Lehmstedt

Text: Steffi Böttger
Lektorat: Kristina Schulze / Lehmstedt Verlag
Karte: OpenStreetMap-Mitwirkende, geodressing.de
Fotos: Uta Gau, außer: Sabine Viertel/www.treffpunkt-ost-see.de (S. 3), Steffi Böttger (S. 11, 32), Bertold Brinkmann (S. 18, 20–23), Hajo Dietz/Nürnberg Luftbild (U2, S. 47), Eigenbetrieb KOE Rostock (S. 6), Joachim Kloock (S. 42), Sabine Radtke (S. 34), Universität Rostock (S. 13)
Gestaltung: Mareike Bardenhagen / Lehmstedt Verlag
Druck: druckhaus köthen GmbH & Co. KG, Köthen (Anhalt)

Umschlag:
1 Marienkirche
2 Marktplatz
3 Luftbild
4 Leuchtturm Warnemünde
5 Wappen an der Brücke zwischen Rat- und Stadthaus

© Lehmstedt Verlag, Leipzig, 2024
ISBN 978-3-95797-008-4